Bernhard Vogel (Hrsg.)

Im Zentrum:
Menschenwürde

Politisches Handeln aus christlicher Verantwortung
Christliche Ethik als Orientierungshilfe

Eine Veröffentlichung der Konrad–Adenauer-Stiftung e.V.

Konrad-Adenauer Stiftung e.V.
Redaktion: Dr. Michael Borchard, Dr. Thomas Brose
Gestaltung und Herstellung: Atelier Fischer, Berlin
Titelfoto: Angelika Fischer, Berlin
Druck und Bindung: Gallus Druckerei KG, Berlin
© 2006 Konrad-Adenauer-Stiftung e.V.
3. Auflage Oktober 2006
Alle Rechte vorbehalten
Nachdruck – auch auszugsweise – allein mit Zustimmung der Konrad-Adenauer-Stiftung
Printed in Germany
Gedruckt mit finanzieller Unterstützung der Bundesrepublik Deutschland
ISBN 3 – 939826 – 07 – 3

Vorwort des Herausgebers 5

Im Zentrum: Menschenwürde
Politisches Handeln aus christlicher Verantwortung
Christliche Ethik als Orientierungshilfe

Vorwort des Herausgebers

Franz-Josef Bode, der katholische Bischof von Osnabrück, hat einmal voll Optimismus darauf hingewiesen, dass die evangelische Sozialethik und die katholische Soziallehre „Baugesetze der Gesellschaft parat halten, die auch den möglichen Erdbeben der Zukunft stand halten". Wir stehen in Deutschland, Europa und in der Welt vor großen Herausforderungen, die unsere Gewissheiten erschüttern: Ein revolutionärer technologischer Fortschritt, der an neue ethische Grenzen stößt, die Globalisierung mit ihren Auswirkungen auf Wirtschaft und Gesellschaft, Arbeitslosigkeit, umfassende demographische Veränderungen, strukturelle Probleme im Renten- und Gesundheitswesen, Überschuldung der öffentlichen Haushalte, neue Bedrohungen von Sicherheit und Frieden – all das erfordert eine nachhaltige Politik und macht den Orientierungsbedarf unübersehbar, den das politische Handeln und die politisch Gestaltenden heute haben.

Umso schmerzlicher ist es, dass die erdbebensicheren Baugesetze der Gesellschaft, dass die Lösungsansätze der Christlichen Sozialethik im Diskurs um diese wichtigen Themen zu wenig berücksichtigt und zu wenig wahrgenommen werden. In dieser Situation hat sich die Konrad-Adenauer-Stiftung zu Beginn des vergangenen Jahres entschlossen, einige herausragende Vertreter der evangelischen Sozialethik und der katholischen Soziallehre zu einem kontinuierlich arbeitenden ökumenischen Gesprächskreis einzuladen.

Binnen eines Jahres ist es unter dem Dach der Stiftung in wenigen Sitzungen gelungen, ein gemeinsames Grundsatzpapier mit dem Titel „Politisches Handeln aus christlicher Verantwortung" zu erarbeiten, einstimmig zu verabschieden und mit herausragenden Repräsentanten der katholischen und der evangelischen Kirche in Deutschland zu erörtern.

Mit diesem Text will die Konrad-Adenauer-Stiftung einen Beitrag zu einer grundsätzlichen Orientierung für politisches Handeln leisten. Sie will die Fundamente freilegen, deren eine Politik aus christlicher Verantwortung bedarf. Dieser Text richtet sich an alle im Deutschen Bundestag vertretenen Parteien, insbesondere an diejenigen, die zurzeit eine Diskussion über ihr Grundsatzprogramm führen. Es geht uns dabei darum, dass die Parteien ermuntert werden, sich selbst und der Öffentlichkeit Rechenschaft darüber abzulegen, für welches Bild vom Menschen sie stehen und woran sich ihre grundlegenden politischen Entscheidungen und Optionen ausrichten. Was bedeutet ihnen die Menschenwürde, der Begriff, der im Focus dieses Papiers steht?

Der Kreis christlicher Sozialethiker und die Konrad-Adenauer-Stiftung wollen mit dieser Schrift andere politische und gesellschaftliche Institutionen dazu ermuntern, diesem Beispiel zu folgen und eigene Versuche zu unternehmen, weltanschauliche Grundlagen des politischen Handelns der Parteien offen zu legen und zu diskutieren. Dieses Papier ist deshalb auch als ein Gesprächsangebot zu verstehen.

Wenn es in der christlichen Sozialethik darum geht, den Menschen mit seiner unantastbaren Würde in den Mittelpunkt allen sozialen Handelns zu stellen, dann ist ein grundsätzliches, gemeinsames Nachdenken unumgehbar: Denn wer den Menschen ganz und umfassend wahrnehmen will, muss mehr in den Blick nehmen als ihn allein. Dass die Konrad-Adenauer-Stiftung mit diesem Beitrag einen ersten Schritt in diese Richtung tun kann, war nur durch das große Engagement der Mitglieder dieses Gesprächskreises möglich. Ihnen sei dafür herzlich gedankt.

Prof. Dr. Bernhard Vogel

An diesem Dokument haben mitgewirkt und geben ihre ausdrückliche Zustimmung zur Veröffentlichung:

Prof. Dr. Alois Baumgartner
Universität München
Lehrstuhl für Christliche Sozialethik
München

Prof. Dr. Heinrich Bedford-Strohm
Universität Bamberg
Lehrstuhl Evangelische Theologie
Bamberg

Prof. Dr. Joachim Fetzer
Fachhochschule
Würzburg-Schweinfurt
Lehrstuhl Wirtschaftsethik
Würzburg

Prof. Dr. Wilfried Härle
Universität Heidelberg
Vorsitzender der Kammer für Öffentliche
Verantwortung der EKD
Evangelisch-Theologische Fakultät
Heidelberg

Prof. Dr. Eilert Herms
Universität Tübingen
Direktor des Instituts für Ethik
Evangelisch-Theologische Fakultät
Tübingen

Prof. em. Dr. Martin Honecker
Universität Bonn
Evangelisch-Theologische Fakultät
Bonn

Prof. Dr. Traugott Jähnichen
Universität Bochum
Evangelisch-Theologische Fakultät
Bochum

Prof. Dr. Elke Mack
Universität Erfurt
Katholisch-Theologische Fakultät
Erfurt

Prof. Dr. Ursula Nothelle-Wildfeuer
Universität Freiburg
Theologische Fakultät
Freiburg

Prof. Dr. Wolfgang Ockenfels OP
Universität Trier
Theologische Fakultät
Trier

Prof. Dr. Dr. h.c. Anton Rauscher SJ
Sozialwissenschaftliche Zentralstelle
Mönchengladbach

Prof. em. Dr. Lothar Roos
Universität Bonn
Katholisch-Theologische Fakultät
Bonn

Prof. Dr. Michael Schramm
Universität Hohenheim
Fakultät Wirtschafts- und
Sozialwissenschaften
Fachgebiet Katholische Theologie
Stuttgart

Prof. Dr. Manfred Spieker
Universität Osnabrück
Institut für Kirche und Gesellschaft
Osnabrück

Für die Konrad-Adenauer-Stiftung haben an den Beratungen teilgenommen:

Prof. Dr. Bernhard Vogel
Ministerpräsident a.D.
Vorsitzender
der Konrad-Adenauer-Stiftung e.V.
Sankt Augustin

Dr. Michael Borchard
Leiter der Hauptabteilung
„Politik und Beratung"
Konrad-Adenauer-Stiftung e.V.
Berlin

Dr. Thomas Brose
Koordinator
Religion und Wertorientierung
Konrad-Adenauer-Stiftung e.V.
Berlin

Prof. Dr. Rudolf Uertz
Hauptabteilung
„Wissenschaftliche Dienste"
Konrad-Adenauer-Stiftung e.V.
Sankt Augustin

8

Im Zentrum: Menschenwürde
Politisches Handeln aus christlicher Verantwortung
Christliche Ethik als Orientierungshilfe

1 Ethischer und rechtlicher Orientierungsbedarf

Menschen müssen ihre Handlungen verantworten, wenn sie den dafür erforderlichen geistigen Entwicklungsstand erreicht haben. Sie müssen Gründe für ihr Tun und Lassen angeben, und davon sind sie auch dadurch nicht entlastet, dass ihr Verhalten durch Gene, Hormone, Hirnströme, durch Veranlagung, Umwelt und Vorbilder vielfältig beeinflusst wird. In der dialogischen Frage: „Warum hast du das getan?" oder in der reflektierenden Frage: „Was soll ich tun?" kommt konzentriert zum Ausdruck, dass Menschen aufgrund von Reflexion und Entscheidung aus der Fülle der ihnen gegebenen Handlungsmöglichkeiten auswählen müssen und für diese Auswahl rechenschaftspflichtig sind. Die Gesamtheit der Leitüberzeugungen, Werte und Regeln, denen ein Mensch oder eine Menschengruppe bei dieser eigenverantwortlichen Handlungssteuerung folgt, bildet deren Ethos oder Moral, die in Gestalt von Ethik bzw. von Moralphilosophie und Moraltheologie kritisch reflektiert werden.

Das menschliche Zusammenleben ist nur gedeihlich, wenn es friedlich ist. Aufgrund dieser Einsicht verlangt jedes Ethos auch eine Ordnung des Rechts. Diese umfasst alle diejenigen Regeln des äußeren Verhaltens, deren Befolgung nicht der subjektiven Entscheidung der Einzelnen überlassen bleiben darf. Vielmehr müssen diese Regeln mit Sanktionen bewehrt werden, so dass ihre Befolgung notfalls erzwungen werden kann. Das Ethos selbst schließt also diese Einsichten ein und verlangt deshalb eine Rechtsordnung. Es sind die Einsichten des Ethos selbst, die darüber entscheiden, welche Verhaltensweisen durch das Recht zu regeln sind. Das Ethos liefert die Kriterien für die Angemessenheit der Regeln des Rechts, und schließlich ist es auch das Ethos, welches die Motive zur freiwilligen Rechtsbefolgung bietet, damit der rechtlich geordnete Staat nicht zum Polizei- oder Überwachungsstaat wird.

Mit alledem werden den einzelnen Menschen ihre ethischen Entscheidungen nicht abgenommen, wohl aber in bestimmter Weise beeinflusst. Wer Rechtsnormen übertritt, muss damit rechnen, dass er dies schmerzhaft zu spüren bekommt. Aber die ethische Grundlage, die in die Verfassung aufgenommen und durch das Recht geschützt wird, lässt – ganz zu Recht – in einer freien Gesellschaft einen großen Raum für die Entscheidungen der Individuen über das, was sie persönlich für richtig oder falsch, gut oder böse halten.

Für die Bürger eines Landes stellt sich die ethische Frage deshalb in dreifacher Weise: einerseits als die Frage, ob sie bereit sind, die vorgegebenen rechtlichen Normen zu akzeptieren und zu respektieren, andererseits als die Frage, wie sie den gegebenen rechtlichen Rahmen für sich persönlich ethisch ausfüllen und gestalten sowie schließlich als die Frage, ob die bestehende Rechtsordnung aus ihrer Sicht einer Veränderung bedarf. Auch die zuletzt genannte Aufgabe stellt sich für *alle* Bürger. Besondere Dringlichkeit gewinnt sie jedoch gerade für diejenigen, die als Volksvertreter in ein Parlament gewählt sind und die damit verbundene besondere Verantwortung für das Gemeinwesen tragen. Ihnen stellt sich die Aufgabe, permanent zu prüfen, ob die kodifizierte und sanktionierte rechtliche Ordnung ausreichend und angemessen oder veränderungsbedürftig ist. Und auch dies ist nicht nur eine Frage politischer Zweckmäßigkeitserwägungen, sondern selbst eine ethisch relevante Frage, die ethische – und zwar spezifisch sozialethische – Reflexion und Entscheidung erfordert und die Verantwortlichkeit der Staatsbürger und der Mandatsträger in Anspruch nimmt.

Es gibt also im menschlichen Zusammenleben keinen Bereich, aus dem die ethische Reflexio, über richtig oder falsch, gut oder böse auszuschließen wäre. Woher aber gewinnen Menschen die Orientierung, die sie für ihre ethischen und die darauf aufbauenden politischen und rechtlichen Entscheidungen benötigen?

2 Orientierungsbedarf der Ethik

Die Frage nach dem Orientierungsbedarf der Ethik kann überraschend wirken, weil normalerweise davon ausgegangen wird, dass die Ethik selbst Orientierung gibt, also sagen will, was richtig oder falsch, gut oder böse ist. Obwohl das zutrifft, erübrigt sich jedoch dadurch nicht die Frage nach dem, *woran* die bzw. eine Ethik *sich orientiert*, sondern sie stellt sich gerade auf Grund ihres eigenen Orientierungsanspruchs, wenn dieser nicht beliebig oder willkürlich, sondern begründet und gerechtfertigt sein soll. Für die Beantwortung dieser weitergehenden Frage reicht weder der Verweis auf das, „was immer schon so gemacht wurde", noch auf das, „was zur Zeit mehrheitsfähig ist", denn diese Kriterien ermöglichen gerade keine selbst-verantworteten Entscheidungen, weil sie nicht der eigenen Überzeugung, Reflexion und Urteilsbildung entspringen, sondern fremden Vorgaben. Ebenso wenig reicht der Verweis auf das, was geltendes Gesetz und Recht ist, weil es ja unter Umständen gerade um die Frage geht, ob und inwiefern das geltende Recht zu korrigieren oder weiterzuentwickeln ist. Unzureichend ist aber auch der Verweis auf „die Vernunft", weil sie zwar auf mögliche Widersprüche zwischen unvereinbaren ethischen Wertungen und Entscheidungen aufmerksam machen kann, aber nie von sich aus allein *inhaltlicher Maßstab* für die ethische Orientierung sein kann, sondern auf solche Maßstäbe angewiesen ist, um sie sich verstehend und zustimmend anzueignen oder zurückzuweisen.

Was bleibt aber dann?

Menschen sind für ihre ethische Orientierung angewiesen auf ein Verständnis vom *Menschen*, das sowohl das *Individuum* als auch die *Gemeinschaft* umfasst und sowohl etwas über die *Verfassung* des Menschen (conditio humana) als auch über seine *Bestimmung* sagt. Insbesondere der Ausdruck „Bestimmung des Menschen"[1] hat in der

---

1 Den Ausdruck „Bestimmung des Menschen" hat der Aufklärungstheologe Johann Joachim Spalding im Jahre 1748 geprägt. Durch Herder und Fichte wurde er schnell publik und spielt bis in die Gegenwart hinein in der theologischen und philosophischen Anthropologie und Ethik eine entscheidende Rolle.

Theologie und Philosophie seit der Mitte des 18. Jahrhunderts die Funktion bekommen, das zu bezeichnen, woran ethische Urteilsbildung sich inhaltlich ausrichtet – ausrichten kann und soll. Eine solche Bestimmung bezeichnet nicht eine Determination, also eine Zielangabe, die mit Notwendigkeit und untrüglicher Sicherheit erreicht wird, sondern eine Zielangabe, die benennt, wohin etwas oder jemand gelangen *soll*, wobei aber die Möglichkeit nicht ausgeschlossen ist, dass dieses Ziel verfehlt wird. In ähnlicher Weise bezeichnet der Ausdruck „vision of life"[2] die Bestimmung des Menschen, wobei in diesem Ausdruck die Zukunftsorientierung und damit auch der Zielcharakter unübersehbar zum Ausdruck gebracht wird. Wenn im Fortgang von dem bzw. einem orientierenden „Menschenbild" gesprochen wird, dann ist das in diesem Sinn der „Bestimmung des Menschen" bzw. der „vision of life" gemeint, die für die ethische Urteilsbildung von Menschen und darum auch für deren politisches Handeln orientierenden Charakter hat und deshalb unverzichtbar ist.

3 Die Pluralität der Menschenbilder

Wird das Ethos eines Menschen, einer Gruppe oder einer Gesellschaft orientiert durch das jeweils zugrundeliegende Menschenbild, so ist zu bedenken, was es bedeutet, dass es dieses Menschenbild – individuell und sozial – nicht im Singular, sondern nur im Plural gibt. Das war wohl schon immer so, aber das ist heute im Zeichen eines religiös-weltanschaulich immens angewachsenen Pluralismus ganz unübersehbar. Das kann man sich unschwer am Nebeneinander der Religionen oder an der Konkurrenz der Weltanschauungen verdeutlichen. Sie stehen jeweils für unterschiedliche Menschenbilder, die nur partiell miteinander übereinstimmen, teilweise aber auch erhebliche Differenzen aufweisen. Gelegentlich konkurrieren sogar innerhalb der einzelnen Religionen oder Weltanschauungen unterschiedliche Menschenbilder miteinander. Das hebt nicht auf, dass sich die unterschiedlichen Menschenbilder auf ein

---

2 Eilert Herms, *Grundlinien einer ethischen Theorie der Bildung von ethischen Vorzüglichkeitsurteilen* (1979), in: ders. *Gesellschaft gestalten*, Tübingen 1991, S. 44–55, bes. S. 48 und 54.

und dasselbe Menschsein beziehen, das durch sie in den Blick gefasst, aber auf unterschiedliche Weise gesehen und interpretiert wird. Jene Vielfalt der Menschenbilder setzt das eine und gemeinsame Menschsein voraus. Gerade deshalb stehen die unterschiedlichen Menschenbilder nicht beziehungslos nebeneinander, sondern es wird zwischen ihnen zu Recht ein Streit geführt.

Analysiert man etwa die Menschenbilder in den Programmen der verschiedenen politischen Parteien, so zeigt sich, wie relevant und aussagekräftig die Unterschiede sind, die dabei zutage gefördert werden, wenn man nur genau nachliest und nachdenkt.

Es ist daher nicht überraschend, aber doch erfreulich, dass die Christlich Demokratische Union vor nicht allzu langer Zeit ein von ihrer Wertekommission erarbeitetes Papier veröffentlicht hat, das den Titel trägt: „Die neue Aktualität des christlichen Menschenbildes". Damit liegt – bei aller möglichen Kritik im Einzelnen – der beispielhafte Versuch einer politischen Partei vor, sich selbst und der Öffentlichkeit explizit Rechenschaft über diejenige kulturelle Tradition zu geben, deren Menschenbild sie als maßgeblichen Horizont ihrer politischen Analysen, Urteile und Engagements voraussetzt und anerkennt. Diese Rechenschaftsgabe ist – auch auf dem Hintergrund der Erfahrungen des 11. September 2001 – aus zwei Gründen wichtig. Erstens enthält sie das offene Bekenntnis zu dem Faktum, dass auch Politik sich in einem nicht durch sie geschaffenen, sondern ihr vorgegebenen Horizont kultureller Traditionen und der damit gegebenen weltanschaulichen bzw. religiösen Leitüberzeugungen bewegt und ihnen verpflichtet ist. Zweitens macht diese Rückbesinnung einer politischen Partei auf das für sie maßgebliche, in diesem Fall das christliche Menschenbild klar, welche grundlegende und umfassende Bedeutung diesem Leitkonzept für alle Bereiche ihrer politischen Verantwortung zukommt: etwa für das Verhältnis der Kulturen und Religionen zueinander, für Religions- und Gewissensfreiheit, für Bioethik und Genforschung, für Wirtschafts- und Sozialpolitik sowie für Bildungs- und Erziehungspolitik.

Andere Parteien sollten – und werden wahrscheinlich auch – im Blick auf ihr Menschenbild ein gleiches tun. Auch sie sollten offen legen, an welche vorpolitische Ethostradition bzw. an welche vorpolitischen Ethostraditionen sie sich anlehnen, welche Züge des in diesen Traditionen kommunizierten Menschenbildes sie für sich als verbindlich anerkennen und was das dann im Blick auf ihr politisches Urteil und Engagement in allen Bereichen politischer Verantwortung für Folgen hat.

Die Offenlegung solcher leitender Menschenbilder wird wahrscheinlich Unterschiede an den Tag bringen, die vielleicht erst die Wurzeln politischer Dissense verständlich machen. Aber schon dies wäre ein wichtiger, konstruktiver Beitrag zur politischen Kultur und zum politischen Diskurs, weil dadurch sichtbar werden kann, auf welcher Ebene die eigentlichen Differenzen zu suchen und zu bearbeiten sind, die im politischen Tagesgeschäft an verschiedenen Stellen zum Vorschein kommen.

Im Blick auf eine solche Offenlegung des ethischen Orientierungshorizontes einer politischen Partei durch diese selbst müssen jedoch – um mögliche Missverständnisse zu vermeiden – zwei Zusätze angebracht werden:

- Dass man sich in einer politischen Partei wie der Christlich Demokratischen Union offen als dem aus der christlichen Tradition stammenden Menschenbild ethisch verpflichtet erklärt, schließt nicht ein, dass alle Mitglieder und Abgeordneten dieser Partei das sind, was man „praktizierende Christen" nennt. Es gibt unter ihnen sicher auch Menschen, die dem kirchlichen Leben distanziert oder gleichgültig gegenüberstehen.
- Es ist auch anzuerkennen, dass Menschen, die persönlich kirchlich stark verbunden sind, sich anderen politischen Parteien anschließen – unter Umständen sogar deshalb, weil sie aus Gründen ihrer eigenen christlichen Überzeugung politische Optionen anderer Parteien für vorzugswürdig halten.

Allerdings ist in der Tat davon auszugehen, dass für die Unionsparteien tatsächlich die Inhalte des christlichen Menschenbildes in programmatischer Hinsicht orientierende Bedeutung haben müssen; andernfalls wäre die Verwendung des Adjektivs „christlich" im Parteinamen problematisch. Gleichzeitig setzen die Unionsparteien bei der Inanspruchnahme gerade dieser ethischen Tradition und ihres Menschenbildes voraus, dass dieses allein aufgrund seines Inhalts nicht nur engagierten Christen, sondern darüber hinaus für viele Menschen einfach aufgrund ihrer Lebenserfahrung zustimmungsfähig ist.

4 Grundlegende Charakteristika des christlichen Menschenbildes

Im Unterschied zu anderen, nicht-religiösen bzw. säkularen Menschenbildern ist es für das christliche Menschenbild charakteristisch, den Menschen von vornherein in einem Horizont wahrzunehmen, der zwar das erfasst und umfasst, was am Dasein des Menschen empirisch wahrzunehmen ist, darauf aber nicht begrenzt und beschränkt ist, sondern es auch transzendiert. Das wird deutlich in Aussagen wie der vom Menschen als Geschöpf und Ebenbild Gottes oder in der Einsicht, dass der Mensch eine Bestimmung hat, die über den Tod hinausreicht und die Hoffnung auf ewiges, unzerstörbares Leben umfasst. Martin Luther King hat das auf seine Weise zum Ausdruck gebracht in den Sätzen: „We know that man is … created for the everlasting, born for eternity. We know that man is crowned with glory and honor, and so long as he lives on the low level he will be frustrated … and bewildered".[3]

Wichtig ist daran nicht die Vermutung, aus dem christlichen Menschenbild ließen sich folglich bestimmte Aussagen über die Transzendenz, über Gott und das ewige Leben ableiten, sondern vor allem die Tatsache, dass der Mensch – und zwar jeder Mensch – in einem denkbar weiten Horizont, in seinem Woher, Wohin und Wozu, und darum umfassend wahrgenommen wird. Wer etwas oder jemanden *ganz* wahrnehmen will, muss *mehr*

---

3 *The Measure of a Man* (1959), Minneapolis 2001, S. 18.

als diesen Gegenstand oder diesen Menschen in den Blick fassen. Nur wer zumindest in Gedanken über die Grenzen hinausgeht, hat eine Vorstellung, eine Ahnung oder eine Gewissheit von dem, was das Ganze ist. Und deshalb gilt: Wer den Menschen erkennen und verstehen will, muss über ihn hinaus fragen und denken. Die Rede von Gott verweist auf dasjenige „Darüberhinaus", das dem Menschen sein Maß und seine Grenze gibt und das darum auch in der Präambel des Grundgesetzes zu Recht an das Maß und an die Grenze erinnert, die allem menschlichen Handeln und Entscheiden gesetzt sind.

Dieser Gottesbezug – nicht nur in der Verfassung, sondern im christlichen Menschenbild – trägt dazu bei, dass der Mensch unreduziert wahrgenommen wird, d. h. von seinem allerersten Anfang bis zu seinem Ende, im Wachen wie im Schlafen, in Gesundheit wie in Krankheit und Behinderung, im Erfolg wie im Scheitern und Versagen. Es gibt manche andere Menschenbilder, in denen als menschliche Person nur ernst genommen wird, wer eigene Interessen hat, im Besitz geistiger Kräfte ist, fähig zu verantwortlichem Handeln. Das sind defizitäre Menschenbilder, die mit Sicherheit auch defizitäre ethische und politische Entscheidungen nach sich ziehen.

Dabei ist sofort selbstkritisch anzumerken, dass auch die christliche Theologie – einschließlich der Ethik – keineswegs vor der Gefahr gefeit war und ist, aus dem Blick zu verlieren, dass nach christlichem Verständnis nicht nur Kinder, sondern auch schon Embryonen und Föten sowie behinderte, kranke und sterbende, lebensuntüchtige und gescheiterte Menschen selbstverständlich Menschen sind und darum im christlichen Menschenbild unreduziert mit vorkommen müssen. Die im Neuen Testament überlieferte Verkündigung Jesu geht bekanntlich sogar so weit, kleine Kinder nicht nur am Rand in den Blick zu fassen, sondern zum Vorbild und Modell zu erklären: „Lasst die Kinder zu mir kommen und wehret ihnen nicht; denn solchen gehört das Reich Gottes. Wer das Reich Gottes nicht empfängt wie ein Kind, der wird nicht hineinkommen" (Mk 10,14 f.).

Das Charakteristische am Menschen, wenn er so umfassend wahrgenommen und wenn er in diesem transzendenten Horizont wahrgenommen wird, ist, dass er dann nicht nur von besonderen, individuell unterschiedlich ausgeprägten Eigenschaften, Fähigkeiten oder Leistungen her verstanden wird, sondern auch von dem Beziehungsgefüge her, in das er hineingeboren wird und dem er bis zum Ende seines Daseins angehört. Und dieses Beziehungsgefüge ist begründet und getragen durch die daseinskonstituierende Beziehung Gottes zu seinen Geschöpfen, insbesondere zum Menschen als dem Geschöpf, das dazu bestimmt ist, als Gottes Ebenbild zu existieren.

Es ist deswegen charakteristisch für das christliche Menschenbild, *groß* vom Menschen zu denken und zu sprechen, weil er einen großen Ursprung und eine große Bestimmung hat. Die entscheidende politische und lebenspraktische Bedeutung dieser Einsicht besteht darin, dass kein Mensch sich sein Lebensrecht oder seine Menschenwürde erst durch seine Fähigkeiten oder Leistungen verdienen muss, sondern dass diese ihm mit seinem Dasein gegeben sind.

Das christliche Menschenbild enthält aber auch das Wissen um die Fehlbarkeit des Menschen. Denn: „Wer so hoch erhöht ist, kann tief fallen".[4] Und dies ist nicht nur eine theoretische Möglichkeit, sondern erfahrbare Realität bezogen auf alle Menschen. Deswegen träumt das christliche Menschenbild nicht vom perfekten oder perfektionierbaren Menschen, sondern weiß um die tiefsitzende, zerstörerische, lebensfeindliche Realität des Bösen, die aus dem menschlichen Herzen kommt,[5] und sie weiß um die Notwendigkeit von Vergebung, Umkehr und Neubeginn. Dafür haben die Verkündigung und Person Jesu Christi, sein Leben, sein Kreuzestod und seine Auferstehung von den Toten grundlegende und exemplarische Bedeutung.

Die so begründete und verstandene Ehre, Hoheit und Würde des Menschen ist der zentrale Orientierungspunkt für jede Politik, die sich dem christlichen Menschenbild verpflichtet weiß.

4 *Was ist der Mensch?* Ein Bilderzyklus zur EKD-Synode 2002, S. 71.
5 Vgl. Gen 6,5; 8,21; Mt 15,19 par. Mk 7,20–23.

5 Menschenwürde als ethische Leitkategorie

Mit ihrer Orientierung an der Menschenwürde als Leitkategorie rückt die christliche Ethik den *konkreten* Menschen als *Individuum in Gemeinschaft* in das Zentrum der Aufmerksamkeit, um damit sowohl die Abstraktionen und Irrwege des Individualismus als auch die des Kollektivismus zu vermeiden. Der Gedanke der Menschenwürde ist dazu in vorzüglicher Weise geeignet, weil er etwas zum Ausdruck bringt, was jedem einzelnen Menschen als unverwechselbarem Individuum eignet, dies jedoch auf eine Weise, durch die Menschen gerade nicht voneinander getrennt, sondern miteinander verbunden sind.

Zur genauen Erfassung dieser Leitkategorie sind jedoch zwei Grundunterscheidungen erforderlich, die geeignet sind, Missverständnisse und Fehlinterpretationen zu vermeiden.

Wert, Preis und Würde

Spätestens seit Immanuel Kant ist die Unterscheidung zwischen zwei Arten von Wert geläufig. Kant unterscheidet zwischen einem relativen Wert und dem absoluten Wert. Den ersteren, den er auch Preis nennt, billigt er allem zu, was an Wertschätzung aus unseren Neigungen entstammt, weil es z. B. für uns nützlich ist oder uns gefällt. Das Letztere, also Würde hat für ihn alleine der Mensch als das vernunftbegabte, sittliche Wesen. In Kants eigenen Worten gesagt: „Im Reich der Zwecke hat alles entweder einen Preis oder eine Würde. Was einen Preis hat, an dessen Stelle kann auch etwas anderes, als Äquivalent, gesetzt werden; was dagegen über allen Preis erhaben ist, mithin kein Äquivalent verstattet, hat eine Würde."[6]

Dabei geht aus Kants Formulierungen ein Element der Unterscheidung nicht so deutlich hervor, wie das zu wünschen wäre: Der relative Wert bzw. der Preis, ist etwas, was Subjekte einer Sache *zuerkennen* – sei es als Verkäufer oder Käufer, als Anbieter oder Nutzer –, hingegen ist die Würde etwas, was der ‚Sache', in diesem Fall also dem Menschen, *selbst*

---

6 *Grundlegung zur Metaphysik der Sitten* (1785) BA 77.

eignet. Zwar ist auch die Würde ausgerichtet auf ein Gegenüber, von dem sie anerkannt werden will und soll, aber dieses Gegenüber, der Würdeadressat, schafft nicht die Würde, es erkennt oder spricht sie auch nicht zu, sondern die Würde liegt im Würdeträger selbst als dessen objektiver Anspruch auf Achtung begründet.

Unterschiedliche und gemeinsame Würde

Die zweite grundlegende Unterscheidung ist die zwischen einer *unterschiedlichen* (differenzierten) und einer *gemeinsamen* (gleichen) Würde. Mit ihrer Hilfe wird schon bei Cicero im ersten Jahrhundert vor Christus der Begriff der Menschenwürde ('dignitas humana') eingeführt[7]. Der Begriff „Würde" wird von ihm in Anwendung auf Menschen in zwei unterschiedlichen Bedeutungen verwendet: Würde kann einerseits bedeuten: das Achtung gebietende Sein, das einzelne Menschen aufgrund einer bestimmten Leistung oder Position besitzen. Das kann sich auf z. B. große Vorbilder (Wohltäter der Menschheit), auf Menschengruppen (die Alten), auf Berufsgruppen (Staatsoberhäupter) oder auf Eliten (bedeutende Erfinder oder Entdecker) beziehen. Und dieses differenzierte Würdeverständnis ist weder kritikwürdig noch konkurriert es mit dem alle Menschen verbindenden Verständnis von Würde als Menschenwürde. Im Gegenteil: Die Stärke des gemeinsamen Begriffs der Menschenwürde bewährt sich gerade dort, wo der differenzierende Aspekt der Würde nicht hinter einer falschen Vorstellung von Gleichheit als Gleichförmigkeit zum Verschwinden gebracht wird. Eine Gesellschaft, die solche Differenzierungen von Würde aufgrund von Lebensleistung oder gesellschaftlicher Stellung nicht wahrnimmt und achtet, beschädigt langfristig sich selbst.

Die davon zu unterscheidende Rede von der *Menschenwürde* orientiert sich jedoch gerade nicht an solchen Unterschieden, auch nicht an einer unterstellten oder anzustrebenden Gleichförmigkeit der unterschiedlichen Individuen, sondern bloß an der alle Menschen miteinander verbindenden, ihnen gemeinsamen Tatsache des Menschseins. Man kann sich vor-

---

7 Cicero, *De officiis* I, 106.

stellen, welche Revolution im Fühlen, Denken und Handeln es dargestellt haben muss, als sich in der antiken Gesellschaft, die vom grundlegenden Wertunterschied zwischen Männern und Frauen, Freien und Sklaven, Einheimischen und Fremden geprägt war, die Einsicht durchsetzte, dass jeder Mensch *als Mensch* gleiche Würde besitzt und dass diese Würde unantastbar ist.

Während der *Begriff* der ‚Menschenwürde' (‚dignitas humana') wohl auf die stoische Philosophie zurückgeht, hat das Judentum diese Einsicht schon Jahrhunderte früher mit Hilfe der Begriffe ‚Ehre' und ‚Hoheit'[8] sowie ‚(Eben-)Bild Gottes'[9] zum Ausdruck gebracht. Das Christentum ist darin dem Judentum gefolgt und hat spätestens seit Ambrosius von Mailand (ca. 339–397)[10] dafür auch den Begriff ‚Menschenwürde' verwendet.

6 Präzisierung des Gedankens der Menschenwürde

Für die Interpretation dessen, was unter ‚Menschenwürde' zu verstehen ist, hat in den zurückliegenden fünfzig Jahren der Grundgesetz-kommentar von Maunz/Dürig[11] grundlegende Bedeutung bekommen. Ihm entstammt sowohl der Verweis auf Kants Kategorischen Imperativ in der Form, die dieser selbst als „praktische(n) Imperativ"[12] bezeichnet hat, als auch die sog. ‚Objektformel'.[13] Beide Formeln erlangten–ohne dass zwischen ihnen eine klare Verhältnisbestimmung vorgenommen worden wäre–für die höchstrichterliche Rechtsprechung in der Bundesrepublik

8 Ps 8,6.
9 Gen 1,26 f.; 9,6.
10 Ambrosius von Mailand, *De dignitate conditionis humanae*, in: *Migne Patrologia Latina* Bd. 17, S. 1105–1108.
11 Grundgesetz. Kommentar, München 1958 ff. Art. 1, Abs. 1, Rdnr. 28.
12 „Handle so, dass du die Menschheit, sowohl in deiner Person, als in der Person eines jeden andern, jederzeit zugleich als Zweck, niemals bloß als Mittel brauchest" (*Grundlegung zur Metaphysik der Sitten* (1785) BA 66 f.). Unter ‚Menschheit' versteht Kant dabei nicht–wie heute üblich–die Gesamtheit aller Menschen, sondern dasjenige, was den Menschen zum Menschen macht, also das Wesen bzw. das Menschsein des Menschen.
13 „Die Menschenwürde ist getroffen, wenn der konkrete Mensch zum Objekt, zu einem bloßen Mittel, zur vertretbaren Größe herabgewürdigt wird." (s. o. Anm. 12)

Deutschland und durch sie für die ganze Gesellschaft maßgebende Bedeutung.

Das war und ist ein großer Gewinn. Allerdings zeigte sich auch immer wieder, dass die Rede vom Menschen als ‚bloßem Mittel' oder als ‚Objekt' zwar gravierende Elemente benennt, aber nicht umfassend genug beschreibt, was mit der Würde des Menschen unvereinbar ist. Die Nennung anderer Elemente muss hinzu kommen: so z. B. die öffentliche Bloßstellung bzw. Demütigung eines Menschen oder der willkürliche Ausschluss von Menschen aus der Rechtsgleichheit.

Wie hängen diese unterschiedlichen Konkretisierungen der Missachtung von Menschenwürde untereinander zusammen? Das Gemeinsame bezieht sich offenbar nicht auf irgend etwas Spezielles am Menschen, sondern auf *das Menschsein selbst*, das Achtung gebietet und dem diese Achtung verwehrt wird. D. h. aber: *Würde ist Anspruch auf Achtung*. Menschenwürde ist folglich der jedem Menschen eigene, weil mit seinem Dasein gegebene und darum objektive Anspruch auf Achtung als Mensch. Und die Achtung der Menschenwürde besteht demzufolge in der Achtung (und dem Schutz) dieses Anspruchs auf Achtung jedes Menschen. Jeden Menschen in seinem Menschsein wahrzunehmen und zu respektieren, ist die konkrete Achtung der Menschenwürde, um die es bei der Interpretation und Konkretisierung der Menschenwürde geht.

Dass der Begriff ‚Achtung' in diesem Zusammenhang *zweifach* auftaucht: als (objektiver) *Anspruch* des Menschen auf Achtung und als (subjektive) Achtung dieses Anspruchs (auf Achtung), ist ganz sachgemäß. Beides bezieht sich auf denselben Sachverhalt, aber in unterschiedlicher Weise. Von dem *Anspruch* auf Achtung sagt das Grundgesetz zu Recht, er sei unantastbar, und d. h. nicht nur: Er soll oder darf nicht angetastet werden, sondern er kann nicht angetastet werden. Das heißt, er ist so mit dem Menschsein verbunden, dass er auch dort bestehen bleibt, wo Menschen ihn ignorieren, bestreiten oder mit Füßen treten, indem sie das Leben eines Menschen antasten oder ihm sein Selbstbestimmungsrecht rauben. Niemand kann einem Menschen den *Anspruch* auf Achtung nehmen. Aber sehr wohl können Menschen diesen Anspruch missachten, sie können andere Menschen und sich selbst so behandeln, als hätten sie diesen Anspruch nicht. Und darum hat GG Art. 1 (1) auch darin Recht, dass es nicht nur die Unantastbarkeit der Menschenwürde – im Sinne des Anspruchs auf Achtung – konstatiert, sondern zugleich sagt: „Sie zu achten und zu schützen ist Verpflichtung aller staatlichen Gewalt." Jene Feststellung und diese Forderung bilden also keinen Gegensatz, sondern gehören aufs engste zusammen. Weil der Anspruch auf Achtung unantastbar ist, *darum* ist es Verpflichtung aller staatlichen Gewalt, selbst diesen Anspruch zu achten und ihn dort, wo er bedroht ist oder missachtet wird, zu schützen.

7 Menschenwürde als Erfindung oder als Entdeckung

Im öffentlichen Diskurs, wie er in Politik, Wissenschaft und Medien geführt wird, ist häufig die Auffassung zu hören, alle rechtlichen Regeln seien nichts anderes als Setzungen oder Erfindungen, genauer gesagt: Sie seien nichts anderes als das Ergebnis eines ordnungsgemäß bzw. rechtmäßig verlaufen(d)en Rechtsetzungsverfahrens. An dieser Auffassung ist einiges plausibel und anerkennenswert. Das soll zunächst benannt werden.

Richtig ist zunächst, dass Rechts*sätze*, die den Charakter von Aussagen haben, auf keine andere Weise zustande kommen als andere Aussagen auch, nämlich dadurch, dass sie von Menschen formuliert und geäußert werden. Sie stehen nirgends von Natur aus *geschrieben*, weder am gestirnten Himmel über uns, noch in der praktischen Vernunft oder im moralischen Gefühl in uns, sondern sie wurden im Verlauf geschichtlicher Prozesse erdacht oder entdeckt, in bestimmten Sprachen formuliert und überliefert, sie wurden und werden begründet, bestritten, verändert oder bestätigt.

Das zweite nicht bestreitbare Wahrheitselement dieser Auffassung besteht darin, dass es Rechtssätze gibt, die auf gar nichts anderem beruhen als auf einer willkürlichen Festsetzung, die sich allenfalls an Kriterien der Zweckmäßigkeit oder des Herkommens orientiert, aber auch den Charakter einer beliebigen Entscheidung haben kann. D. h.: Nicht alle

Rechtssätze lassen sich aus übergeordneten Grundsätzen ableiten oder an Grundsätzen überprüfen und rechtfertigen, deren Geltung sich nicht einem Akt willkürlicher Festsetzung verdankt. Aber auch wenn dies beides zutrifft, bleibt dennoch die Behauptung zu kritisieren, dass sich *alle* Rechtssätze einem Akt willkürlicher Festsetzung verdanken; denn darin steckt die Überzeugung, es gebe in Fragen der Rechtssetzung nur Erfindungen, aber keine Entdeckungen. Damit wäre gesagt, dass es keine normativ relevante Instanz oder Wirklichkeitsdimension gibt, an der sich die Vorhaben und Resultate der Rechtssetzung legitimerweise messen lassen könnten oder müssten, sondern dass ein erzielter gesellschaftlicher Konsens – was in der Regel heißen wird: eine Mehrheitsmeinung, die sich durch ordnungsgemäße, legale Abstimmungen artikuliert – eine nicht nur notwendige, sondern auch hinreichende Bedingung für legitime Rechtssetzung bildet. Die Unterscheidung zwischen legaler und legitimer Rechtssetzung würde dadurch gegenstandslos und wäre entbehrlich.

Vertritt man – im Blick auf Menschenwürde – die Auffassung, sie basiere auf nichts anderem als auf einer willkürlichen Festsetzung seitens der dafür zuständigen Organe, so gäbe es keinen Grund, im Blick auf Staaten oder Gesellschaften, in denen es keine einschlägigen Verfassungsartikel gibt, die Missachtung von Menschenwürde oder die Verletzung von Menschenrechten zu bemängeln, zu beklagen· oder zu kritisieren. Folglich gäbe es auch keinen Grund, Regime in Vergangenheit oder Gegenwart zu tadeln, zu verachten oder zu bekämpfen, in denen einem Teil der Bevölkerung – auf Grund ordnungsgemäß zustande gekommener Gesetze – Menschenwürde aberkannt, Menschenrechte bestritten oder eingeschränkt werden. Diese Konsequenzen wirken so absurd, dass man sie selbst für eine hinreichende Widerlegung dieser Position halten kann. Aber wenn es zu ihr keine Alternative gäbe, müsste diese Absurdität möglicherweise ertragen werden. Gibt es eine solche Alternative?

8 Begründung der Menschenwürde

Die hier vertretene alternative Auffassung von Menschenwürde und ihrer Erkennbarkeit unterscheidet zwischen der *Formulierung* des Menschenwürdegedankens in Gestalt von Rechtssätzen – wie beispielsweise GG Art. 1(1) – und dem religiös-weltanschaulichen *Horizont*, in dem Menschenwürde als Wirklichkeit entdeckt (und daraufhin als Rechtssatz formuliert) werden kann. Damit wird vorausgesetzt, dass grundsätzlich allen Menschen im Rahmen des Nachdenkens über das Woher, Wohin und Wozu des menschlichen Daseins im Horizont geschichtlicher Einsichten ein Wissen um das zugänglich oder jedenfalls möglich ist, was Menschsein ist und was einem Menschen nicht rechtmäßig angetan oder vorenthalten werden kann und darum nicht angetan oder vorenthalten werden darf. Dazu ist keine besondere moralische, ethische oder rechtliche Intuition, geschweige denn eine spezielle Begabung erforderlich, sondern nur die Fähigkeit zu einer unreduzierten – die Erfahrung von Schwäche, Hilfsbedürftigkeit, Versagen einschließenden – Selbstwahrnehmung und die Fähigkeit zur Verallgemeinerung, wie sie schon exemplarisch in der Goldenen Regel[14] zum Ausdruck kommt. Als Konsequenz dieser Auffassung ergibt sich, dass es nicht nur legitim, sondern sogar verpflichtend ist, für die Anerkennung und Achtung der Menschenwürde aller Menschen in *jeder* staatlichen und gesellschaftlichen Ordnung einzutreten.

Aus dieser Auffassung folgt, dass sich der Rechtssatz von der Unantastbarkeit der Menschenwürde sowie das Gebot ihrer Achtung und ihres Schutzes vom *Sein des Menschen* selbst herleiten und herleiten lassen. Diese Rechtssätze haben ihrem Selbstverständnis nach nicht den Charakter willkürlicher Zuschreibungen, sondern den Charakter einer

---

14 „Was du nicht willst, dass man dir tu, das füg auch keinem andern zu" (Tob 4,16). Dieser negativen Form der ‚Goldenen Regel' tritt in der Bergpredigt Jesu die sie umfassende und überbietende positive Form an die Seite: „Alles nun, was ihr wollt, dass euch die Leute tun sollen, das tut ihnen auch!" (Mt 7,12). Beide Formen reichen jedoch über den rechtlichen Bereich hinaus und haben den Charakter ethischer Grundprinzipien, aus denen rechtliche Regeln abgeleitet werden können.

Entdeckung, die Anerkennung fordert. Dabei sind die Rechtssätze über die Menschenwürde ihrerseits selbst schon ein wesentlicher Ausdruck der Achtung der Menschenwürde. Die rechtliche Setzung basiert also auf der weltanschaulichen, ethischen und rechtlichen Anerkennung eines Gesetztseins. Und der Horizont, in dem sich dieses Gesetztsein erschließt, ist seinerseits kein vom Individuum oder der Gemeinschaft gesetzter oder entworfener, sondern ein entdeckter und anerkannter Horizont.

In der Menschenwürde begegnen Menschen einer Wirklichkeit, über deren Erschließung für sich selbst oder für andere sie nicht verfügen, sondern die sie nur anerkennen können, wenn und sofern sie sich ihnen erschließt. Im Blick auf solche fundamentalen Vorgänge gilt das, was die christliche Lehre generell von solchen Erschließungserfahrungen sagt: Sie ereignen sich – anhand von Zeichen – unverfügbar, aber verpflichtend für die Menschen, denen sie zuteilwerden und die damit einerseits herausgefordert sind, sich auf die so erschlossene Wahrheit verbindlich einzulassen und andererseit – infolgedessen – für diese Wahrheit anderen Menschen gegenüber einzutreten. Dabei hat solches Eintreten selbst den Charakter eines Zeichens, das für andere zum Anlass für eigene Erkenntnis werden kann.

Die Erschließung der Menschenwürde für das menschliche *Erkennen* hat deshalb auch den Charakter einer *Verpflichtung* für den Menschen und entspricht insofern genau dem *Gegebensein* der Menschenwürde als unverfügbarer Realität, die Anerkennung fordert. Das ist kein Beweis für ihre Wahrheit, sondern nur ein Indiz für die Kohärenz des Gedankens der Menschenwürde, also eine zwar notwendige, aber für sich genommen noch nicht hinreichende Bedingung für ihre Wahrheit.

Solange Menschenwürde lediglich verstanden wird als eine kulturelle Konvention, die sich menschlicher Zuschreibung verdankt, bleibt sie nicht nur antastbar, verletzlich und entziehbar, sondern sie ist dann gar nicht in ihrem eigentlichen Wesen und Status erkannt, geschweige denn ernst genommen. Umgekehrt erweist sich die Entdeckung der Menschenwürde und das ethische, rechtliche und politische Eintreten für sie als einer der wertvollsten Bestandteile des jüdischen, griechischen und christlichen, und das heißt auch: des abendländischen religiösen, philosophischen und kulturellen Erbes, mit dem die Gesellschaft gar nicht pfleglich genug umgehen kann. Und weil das so ist, darum ist die Menschenwürde als ein fester Bestandteil des christlichen Menschenbildes sowohl unverzichtbares Thema der christlichen Theologie und der kirchlichen Verkündigung als auch Leitbild für eine Politik aus christlicher Verantwortung.

9 Konkrete Folgerungen aus der Menschenwürde

In Abschnitt 6 wurden zum Zwecke begrifflicher Präzisierung verschiedene Elemente des Menschenwürdegedankens zusammengefasst in der Rede vom ‚Anspruch auf Achtung'. Das gilt es nun – gewissermaßen in gegenläufiger Richtung – exemplarisch zu entfalten und damit in seiner orientierenden Bedeutung für das politische Handeln zumindest ansatzweise zu konkretisieren. Dabei ist Zweierlei zu erwarten: einerseits, dass bei den Folgerungen die *spezifisch christlichen* Momente des Verständnisses von Menschenwürde nicht verschwinden oder irrelevant werden, sondern sich an jedem Punkt so zeigen, dass auch die Folgerungen einen spezifisch christlichen Charakter aufweisen; andererseits, dass die Folgerungen nicht nur einzelne Bereiche oder Aspekte betreffen, sondern *umfassende* Bedeutung besitzen und deshalb auch nicht nur die Motive und Intentionen der Handelnden betreffen, sondern auch die *Strukturen* der Gesellschaft

Menschenwürde und Lebensrecht

Die erste konkrete Folgerung aus der Menschenwürde ist die Achtung und der Schutz menschlichen *Lebens*, denn das Lebensrecht ist die Voraussetzung für die Wahrnehmung aller anderen Rechte. Spezifisch christliche Aspekte im Verständnis des Lebensrechtes kommen darin zum Ausdruck, dass es als dem Menschen mit seinem Dasein verliehenes und darum unantastbares Recht verstanden wird, das eben deshalb weder abhängig ist von bestimmten Qualitäten oder Leistungen, noch irgendwelchen menschlich verfügten Einschränkungen oder Bedingungen unterliegt. Eine Politik aus christlicher Verantwortung ist dieser Bedingungslosigkeit und Unbegrenztheit verpflichtet und hat ihnen in sozialer, kultureller, rechtlicher und ökonomischer Hinsicht zu entsprechen.

Dabei ist es sinnvoll, das Lebensrecht einerseits als ein (negatives) *Abwehr*recht gegen willkürliche Tötung oder gegen lebensbedrohende bzw. lebenszerstörende Menschenversuche oder gegen die absichtliche Verweigerung des Existenzminimums zu definieren und andererseits als ein (positives) *Entfaltungs*recht, durch das neuem menschlichen Leben Raum und Gelegenheit gegeben wird, sich zu entwickeln. Dieses Entfaltungsrecht setzt die Bereitschaft zur Weitergabe des Lebens voraus, von der ganz entscheidend der Generationenzusammenhang, die Zukunft eines Volkes, die Weiterentwicklung der Kultur und der gesellschaftlichen Lebensbereiche abhängen. Die Notwendigkeit, Kinder zu haben und sie zu pflegen und zu erziehen, muss auch von der Gesellschaft und von der Politik als Grundtatbestand geachtet werden. Dies schließt die Erhaltung oder Schaffung kinder- und familienfreundlicher Lebensbedingungen in unserer Gesellschaft ein. Dazu gehört auch die Weiterentwicklung eines leistungsfähigen, differenzierten Bildungsangebots, durch das Begabungen entdeckt und gefördert sowie Berufs- und Lebenschancen eröffnet werden. Auch die Chance, sich seinen Lebensunterhalt selbst erarbeiten zu können, ist Teil jenes Entfaltungsrechts.

Aus der Sicht des christlichen Menschenbildes besagt der *umfassende* Charakter des Lebensrechtes, dass der Mensch sich von der Befruchtung an *als Mensch* und nicht zum Menschen entwickelt;[15] denn es gibt zwischen der Befruchtung als dem Lebensbeginn und dem Tod als dem Lebensende keine Zäsur, an der erst aus einem Zellgebilde ein Mensch, aus einem Etwas ein Jemand, aus einem Ding eine Person würde.

Mit dem christlichen Glauben und seinem Menschenbild ist von Anfang an ein Ethos des Heilens verbunden, das in den vielfältigen Formen von Caritas und Diakonie, im ärztlichen und pflegerischen Handeln und in der Bejahung von medizinischer Forschung um des Menschen willen zum Ausdruck kommt. Wo jedoch menschliches Leben als Mittel zum Zweck

---

15 So das Bundesverfassungsgericht (BVerfGE 88,203 [251 f.]; 39,1 [37]).

medizinischer Forschung oder Therapie eingesetzt wird und seine Schädigung oder Vernichtung dafür in Kauf genommen werden, orientiert sich das medizinische Handeln an einem anderen als dem christlichen Menschenbild. Hieran zeigt sich, dass aus christlicher Sicht die Würde des Menschen nicht gegen *andere* Güter oder Werte abgewogen werden kann.

Ebenso ist davon auszugehen, dass die Würde des Menschen nicht mit seinem Tod endet, sondern über den Tod hinaus ‚ausstrahlt', weshalb die Trauer- und Bestattungskultur ein wichtiger Bestandteil einer menschenwürdigen Gesellschaft ist.

Menschenwürde und Selbstbestimmung

Menschenwürde und Selbstbestimmung werden in jüngster Zeit häufig geradezu miteinander gleichgesetzt. Dagegen ist Einspruch zu erheben; denn es gibt Formen der Selbstbestimmung, die mit der Menschenwürde unvereinbar sind.[16] Mit diesem Vorbehalt ist jedoch zu sagen, dass die Achtung und der Schutz der Menschenwürde sich auch nach christlichem Verständnis in Form der Achtung und des Schutzes des menschlichen Selbstbestimmungsrechtes konkretisieren. Deswegen kann eine Gesellschaft, die sich am christlichen Menschenbild orientiert, grundsätzlich nur eine *freie* Gesellschaft sein.

Im Unterschied zu anderen Freiheitsverständnissen sind jedoch für das christliche Verständnis von Freiheit und Selbstbestimmung folgende zwei Einsichten charakteristisch:

• dass menschliche Freiheit nicht den Charakter von Unabhängigkeit, Willkür oder beliebiger Selbstgesetzgebung (Autonomie) hat, sondern in der Anerkennung und verantwortlichen Gestaltung von fundamentaler *Abhängigkeit* besteht;

---

16 Hierzu gehören z. B. Akte der Selbstbestimmung, durch die Menschen sich selbst verkaufen oder in anderer, mit dem Anspruch auf Achtung unvereinbarer Weise über sich verfügen (wollen).

- dass menschliche Freiheit unterbestimmt ist, wenn und solange sie als bloß formale Wahl- und Handlungsfreiheit verstanden wird und nicht auch als *inhaltliche Befreiung* zum Tun des Guten und des Rechten.

In beiderlei Hinsicht gilt, dass Freiheit konstituiert und gebildet wird durch die Erkenntnis der Wahrheit über das Sein – d. h. über Ursprung, Sinn und Bestimmung – des Menschen in der Welt. Grundlegend sind deshalb die negative und positive Religionsfreiheit, die Gewissensfreiheit sowie die anderen Freiheitsrechte, die durch die Verfassung als Menschenrechte respektiert und geschützt werden.

In den aktuellen medizinethischen Auseinandersetzungen spielt die Frage nach der angemessenen Form des Selbstbestimmungsrechtes insbesondere im Blick auf Sterben und Tod eine zentrale Rolle. Dabei ist aus christlicher Sicht der klare Wunsch von Sterbenden nach Unterlassung von medizinischen Maßnahmen, die keine Heilungschancen mehr bieten, sondern lediglich das Sterben hinauszögern, zu respektieren. Die Bitte um aktive Sterbehilfe (Tötung auf Verlangen) ist – ebenso wie die Forderung nach ärztlich assistiertem Suizid – als ein Hilferuf zu hören und ernst zu nehmen, der auf eine als unerträglich empfundene Leidenssituation aufmerksam macht. Diesem Ruf ist nicht durch Tötung oder durch Beihilfe zur Selbsttötung zu entsprechen, sondern durch Beistand, Begleitung und Erleichterung der Leidenssituation. Die geltende Rechtssituation trägt dem Rechnung und bedarf darum diesbezüglich keiner Veränderung. Wohl aber sind große Anstrengungen nötig, um die (palliativ-)medizinische Versorgungssituation wesentlich zu verbessern. Denn gerade durch stationäre und ambulante Palliativmedizin sowie durch die Hospizarbeit wird für alle Betroffenen und Beteiligten (Sterbende, Angehörige, Ärzte, Pflegepersonal und Seelsorger) die Erfahrung der Würde des begrenzten menschlichen Lebens möglich.

Menschenwürde und Verantwortung

Es gehört nach christlichem Verständnis zur Würde des Menschen, Verantwortung für sich selbst, für das eigene Leben, für die eigenen Angehörigen tragen zu dürfen und zu sollen, wo und soweit dies möglich ist. Das ist nicht mit der Menschenwürde identisch, resultiert aber aus ihr. Es handelt sich dabei einerseits um das *Recht*, andererseits um eine *Pflicht*, durch eigene Arbeit seinen Lebensunterhalt zu verdienen und durch eigene Entscheidung und Vorsorge seine Lebensplanung zu gestalten. Im Prinzip der *Subsidiarität*, das eng mit dem christlichen Menschenbild verknüpft ist, kommt dieses Moment der persönlichen Verantwortung in einer auch strukturbildenden Weise zum Ausdruck. Dabei stellt sich die Stärkung und Förderung der Familie als elementarer gesellschaftlicher Verantwortungsgemeinschaft heute als eines der großen gesellschaftspolitischen Desiderate dar, an dessen Verwirklichung sich die Zukunft unseres Landes mit entscheidet.

Zu der aus der Menschenwürde resultierenden Verantwortung gehört es auch, das Lebensrecht und die Lebensmöglichkeiten *künftiger Generationen* in den heutigen politischen Entscheidungen ernst zu nehmen und zu berücksichtigen. Das betrifft vor allem einerseits die *Schuldenlasten*, die kommenden Generationen fairerweise hinterlassen und zugemutet werden können, weil und sofern sie in einem angemessenen Verhältnis zu den Zukunftsinvestitionen stehen, und andererseits die *ökologischen* Belastungen, Risiken und Defizite, die sich als unverantwortbarer ‚Fluch' für künftige Generationen erweisen könnten.

Im Bereich der Ökonomie wird es für unsere Gesellschaft generell eine Überlebensfrage sein, ob es gelingt, bei allen Beteiligten eine Mentalität zu überwinden, welche Eigennutz systematisch in einen Gegensatz zum Gemeinwohl stellt. Das christliche Menschenbild nimmt den Einzelnen nie nur als Träger von Interessen und Intentionen wahr, sondern immer als Teil eines Beziehungs- und Verantwortungsgeflechts – unabhängig davon, ob der Einzelne um dieses Beziehungsgeflecht weiß oder nicht. Deshalb sind ökonomische Vorgänge nie allein anhand der Intentionen ihrer Akteure zu beurteilen, sondern immer auch in ihren ordnungspolitischen und sozialethischen Auswirkungen zu würdigen. So werden die Bereitschaft zur Solidarität und das Ansehen des Sozialstaats gefährdet, wenn Marktmechanismen rücksichtslos ausgenützt werden oder wenn die sozialen Sicherungssysteme missbraucht werden, um sich der Mühe und Verantwortung eigener Arbeit zu entziehen.

Schließlich besteht auch insofern ein unauflöslicher Zusammenhang zwischen Menschenwürde und Verantwortung, als die Entdeckung und Anerkennung der Menschenwürde als Prinzip der Verfassung und des gesellschaftlichen Zusammenlebens selbst einer Bewusstmachung, Erhaltung und Förderung – insbesondere im Verhältnis zu den nachwachsenden Generationen – bedarf, die nicht automatisch oder naturwüchsig erfolgt, sondern verantwortlichen Einsatz erfordert.

Menschenwürde und Solidarität

Nach christlichem Verständnis ist es charakteristisch für die Menschenwürde, dass durch sie – im Unterschied zu manchen anderen Prinzipien, Normen und Werten – die Menschen miteinander *verbunden* und nicht voneinander getrennt werden. Insofern ist dem christlichen Menschenwürdegedanken selbst das Element der Solidarität inhärent.

Darüber hinaus leitet die Menschenwürde als Anspruch auf Achtung zu einer besonderen Aufmerksamkeit, Achtsamkeit und Zuwendung denen gegenüber an, die sich selbst nicht helfen und für ihre Lebenserfordernisse wirksam eintreten können. Davon sind alle Menschen am Beginn ihres Lebens oder in Situationen der Krankheit und Schwäche, viele an ihrem Lebensende und manche aufgrund körperlicher oder intellektueller Behinderung als Begünstigte betroffen. Aber diese wohltuende – oder sogar lebenserhaltende – Funktion von Solidarität kann natürlich nur *erlebt* werden, wenn sie von denen, die dazu in der Lage sind, *erwiesen* wird. Dabei ist zu unterscheiden zwischen solchen Formen der Solidarität, die auf *Freiwilligkeit* beruhen und darum nicht erzwungen werden können,[17] und anderen Formen der Solidarität, die durch gesetzliche Normen

---

17 Zu ihnen zählt etwa die Bereitschaft zur Organspende.

geregelt sind und den Charakter von *Rechtspflichten haben.* In diesem letzteren Fall ist freilich auch stets darauf zu achten, dass die Solidaritätsverpflichtungen im Sinne einer „Belastung der stärkeren Schultern" nicht den Charakter einer *Über*forderung bekommen und damit die Regeln der Fairness und den gesellschaftlichen Zusammenhalt verletzen. Zwischen strikter Freiwilligkeit und Solidarität als Rechtspflicht existiert ein breites Spektrum von bindenden Solidaritätsformen, z. B. in *Vertragsbeziehungen.*

Für ein gedeihliches gesellschaftliches Miteinander auf allen Ebenen sind alle Formen der Solidarität unverzichtbar: die freiwillige, die vertragliche und die rechtlich geforderte. Die Bereitschaft zu solidarischem Verhalten zu wecken und zu stärken, ist im übrigen eine der wesentlichen Aufgaben der Familie, die auch insofern für die gesellschaftliche Entwicklung von größter Bedeutung ist.

Menschenwürde und Gerechtigkeit

Nach christlichem Verständnis ist Menschenwürde nicht identisch mit Gerechtigkeit, aber Gerechtigkeit ist eine der konkreten Formen, in denen sich die Achtung der Menschenwürde Ausdruck verschafft. Das wird plausibel, wenn man den von dem römischen Juristen Ulpian– im Anschluss an den griechischen Dichter Simonides,[18] an Aristoteles[19] und an Cicero[20] definierten Begriff von ‚Gerechtigkeit' zugrunde legt, der besagt, dass Gerechtigkeit „der beständige und dauerhafte Wille ist, jedem sein Recht zuteil werden zu lassen".[21] Die daraus abgeleitete, gängige Kurzformel, Gerechtigkeit sei das Prinzip: „Jedem das Seine" („suum cuique"), ist demgegenüber eine problematische Vereinfachung, weil in ihr nicht zum Ausdruck kommt, dass es um dasjenige geht, worauf jeder Mensch ein

18 So laut Platon (*Politeia* 332 c).
19 *Rhetorik* 1,9.
20 *De finibus* 5,23.
21 „Iustitia est constans et perpetua voluntas ius suum cuique tribuendi" (Fragment 10 aus Ulpians *Liber primus regularum* D 1,1 ; zitiert nach Ulpian, hg. von T. Honoré, Oxford 1982, S. 34).

Recht hat, was ihm also von Rechts wegen zusteht. Gerade dieser Punkt ist aber von ausschlaggebender Bedeutung, wenn es um den Zusammenhang von Menschenwürde und Gerechtigkeit geht. Dabei muss einerseits daran erinnert werden (s. o. Abschn. 7), dass die Menschenwürde ein mit dem Dasein des Menschen gegebener *Anspruch auf Achtung* ist, dessen rechtliche Formulierung und Verankerung selbst eine grundlegende Ausdrucksform der Achtung dieses Anspruchs ist. Andererseits ist zu bedenken, dass die Teilhabe an der Rechtsgleichheit, die gelegentlich als kontributive Gerechtigkeit bezeichnet wird,[22] ihrerseits eine unmittelbare Konsequenz aus dem Anspruch auf Achtung ist, der den Namen ‚Menschenwürde' trägt. Entsprechend geht die Missachtung der Menschenwürde häufig einher mit der willkürlichen Aberkennung oder Einschränkung von Rechten, die durch die Aberkennung oder Einschränkung des Menschseins – etwa als ‚Ungeziefer' oder ‚Untermensch' – semantisch vorbereitet wird. Dieser sprachliche Aspekt der Menschenwürde-Thematik verdient insbesondere im politischen, journalistischen und pädagogischen ‚Alltagsgeschäft' Beachtung.

Im Blick auf das weite Feld der *sozialen* Gerechtigkeit ist es mit der Menschenwürde unvereinbar, wenn Einzelnen oder ganzen Gruppen der ihnen zustehende und von ihnen zum Leben benötigte Anteil an Entwicklungsmöglichkeiten willkürlich vorenthalten wird und sie dadurch in Armut, Not und Elend getrieben werden. Dabei kann die Grenze der Verantwortung auch für soziale Gerechtigkeit nicht mit den Grenzen des je eigenen Landes zusammenfallen. Gerechtigkeit bezieht sich nicht nur auf *Bürger*rechte, sondern – gerade wegen ihrer Verwurzelung im Gedanken der Menschenwürde – auch auf *Menschen*rechte. Es stellt eine der großen Herausforderungen für gegenwärtige und künftige Politik dar, diesen Verantwortungshorizont politisch ernst zu nehmen, ohne dabei die Unterscheidung zwischen regionaler und globaler Verantwortung zu ignorieren oder zu bestreiten.

---

22 Vgl. dazu Arno Anzenbacher, *Christliche Sozialethik*, Paderborn u. a. 1998, S. 222 f.

Im Blick auf die Gerechtigkeit *zwischen den Völkern und Kulturen* lautet die Zielangabe aus der Sicht des christlichen Menschenbildes: ,*gerechter Friede*'.[23] Damit wird die Orientierung am Ziel des Friedens – nicht an dem des Konfliktes oder gar des Krieges – deutlich, aber dieser Friede wird als ein *qualifizierter*, nämlich durch *Gerechtigkeit* qualifizierter Friede verstanden. Die Orientierung am Leitbild des gerechten Friedens ist mit ,Rache' oder ,Vergeltung' als politischer oder rechtlicher Kategorie unvereinbar. Das schließt aber nicht aus, sondern ein, dass der Staat die Aufgabe hat, seine Bürger vor Angriffen und Bedrohungen zu schützen, gegen sie zu verteidigen und Verstöße gegen die Rechtsordnung mit den Mitteln des Strafrechts zu ahnden. Auch im Verhältnis der Staaten zueinander ist auf die Einhaltung des Völkerrechts zu dringen, sind Verstöße durch diplomatische oder – wo diese versagen – militärische Mittel nach Möglichkeit zu verhindern bzw. – wo dies nicht möglich ist – sind sie zumindest anzuprangern. Dazu gehört es auch, dass im internationalen Austausch und Verkehr Kritik im Blick auf die Achtung von Menschenwürde und Menschenrechten nicht verschwiegen oder umgangen, sondern offen angesprochen und deutlich benannt wird. Dabei wird diese Kritik umso glaubwürdiger ausfallen, je konsequenter sich unsere eigene Gesellschaftsordnung an der Achtung und am Schutz der Menschenwürde messen lässt.

---

23 Vgl. dazu sowohl den gleichnamigen Text der Deutschen Bischofskonferenz vom 27. September 2000 als auch den vom Rat der Evangelischen Kirche in Deutschland herausgegebenen Text: *Friedensethik in der Bewährung. Eine Zwischenbilanz*, vom 25. September 2001, bes. Ziff. II,1.